AF340005

L'AVOCAT SEYTRES

NOTICE BIOGRAPHIQUE

PAR

Me Léopold Chataud, AVOCAT

PRÉCÉDÉE DU DISCOURS

DE

Me Jules Roux

BATONNIER DE L'ORDRE DES AVOCATS

DE MARSEILLE

MARSEILLE
MARIUS LEBON, LIBRAIRE
Rue Paradis, 43
—
1868

L'AVOCAT SEYTRES

IMPRIMERIE TYPOGRAPHIQUE JOSEPH CLAPPIER,

Rue Saint-Ferréol, 27

L'AVOCAT SEYTRES

NOTICE BIOGRAPHIQUE

PAR

Mᵉ Léopold Chataud, AVOCAT

PRÉCÉDÉE DU DISCOURS

DE

Mᶜ Jules Roux

BATONNIER DE L'ORDRE DES AVOCATS

DE MARSEILLE

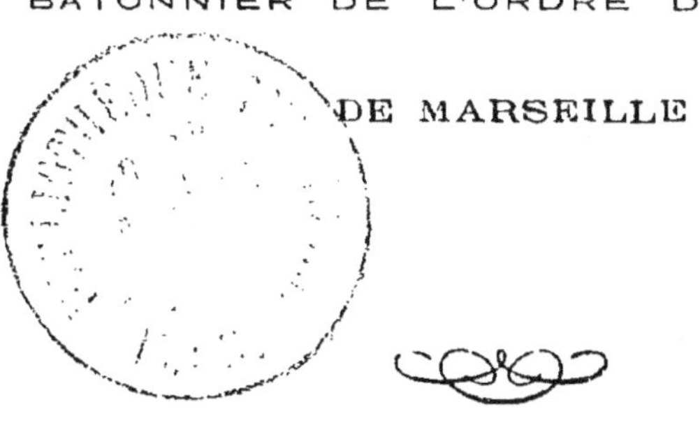

MARSEILLE
MARIUS LEBON, LIBRAIRE
Rue Paradis, 43
—
1868

TIRÉ A 200 EXEMPLAIRES,
DONT 20 SUR PAPIER DE HOLLANDE

PRÉFACE

Il y a quinze jours à peine, Marseille perdait, en la personne de Me Seytres, un de ses avocats les plus estimés et les plus populaires.

Les sympathies dont il avait été entouré durant sa longue carrière ont trouvé un écho fidèle dans le discours prononcé sur sa tombe au nom de l'Ordre tout entier par M. le bâtonnier Jules Roux ; en même temps Me Chataud publiait dans un journal de notre ville une Notice complète sur la vie et les travaux de Me Seytres.

Un grand nombre de personnes ont exprimé le désir de voir réuni en brochure ces deux documents si intéressants à tant de titres : en publiant aujourd'hui en cette forme le discours de Me Jules Roux et la Notice de Me Chataud, j'ai voulu répondre à ce désir en même temps que rendre un nouvel hommage à la mémoire de Me Seytres.

M L.

DISCOURS

PRONOMCÉ

PAR Mᴱ JULES ROUX

BATONNIER DE L'ORDRE DES AVOCATS

Messieurs,

Avant que la tombe soit fermée sur les restes mortels de notre vénérable confrère, je viens offrir à sa mémoire le pieux tribut de la douleur que sa perte nous a inspirée, et affirmer, en votre nom, que nos regrets seront profonds et durables, si nous les mesurons à l'étendue de cette confraternité, qui fût une des règles de sa vie, et qu'il pratiqua toujours, vous le savez, fidèlement et loyalement.

Mᵉ Seytres était le doyen de notre ordre ; il croyait même être celui de tous les barreaux de France, et il eût été très heureux d'en avoir la certitude ; car, ce titre souriait infiniment à sa vieillesse forte et privilégiée.

Né à Marseille le 14 novembre 1785, il touchait à sa 83ᵉ année ; reçu avocat en 1805, et inscrit à notre premier tableau en 1811, il avait 62 ans de grade et 57 ans d'exercice.

Dans cette longue carrière dont la Providence favorise rarement les hommes de travail et de lutte, Mᶜ Seytres se fit remarquer de bonne heure et longtemps comme un homme de valeur et de mérite. Il y avait acquis, en effet, des connaissances variées et sérieuses, et il était devenu presque un spécialiste sur les questions de notre droit local, particulièrement sur celles qui touchaient aux traditions et aux contestations rurales.

Fils d'un notaire habile et occupé, neveu d'Estienne Seytres, jurisconsulte estimé et auteur d'un traité pratique *Sur le bail à mégerie,* (1) notre regretté confrère naquit dans un milieu et reçut une éducation qui lui donnèrent naturellement le goût des affaires et lui ouvrirent le barreau comme une carrière de prédestination et d'instinct.

Il y entra précisément à l'époque où le grand œuvre de la Codification française annonçait son unité par la promulgation du Code civil, où le Code de procédure, le Code de commerce et les Codes criminels étaient encore à l'étude, où, par conséquent, il fallait un solide esprit de discernement et d'analyse pour frayer à l'application de son intelligence, la route à suivre à travers les souvenirs de l'ancienne législation, partie détruite, partie utilisée, et les difficultés d'une législation nouvelle dont les interprétations, au début, étaient hésitantes et forcément controversées.

Dans ce labeur d'investigations, de clairvoyance et de rectitude, Me Seytres se trouva bientôt classé dans un rang très honorable, et ce rang, il n'a jamais cessé de le tenir, par sa science et par ce grand amour du travail qui était, chez lui, une véritable passion.

Aussi avait-il conservé la fructueuse et rassurante habitude d'écrire textuellement ses plaidoiries, dans lesquelles ne lui firent jamais défaut ni l'enchaînement, ni la concision ni la clarté.

Dans ses relations professionnelles, Me Seytres jouissait des sympathies les plus unanimes et les mieux méritées ; il

---

(1) Cet ouvrage a eu pour auteur Jean-François Seytres, le père de Me Seytres, et celui-ci y a fait des additions nombreuses. C'est un traité complet sur les anciens usages concernant le bail à mégerie qui est si usité dans les campagnes du terroir de Marseille ; il contient, en outre, des conseils pratiques relativement à certaines cultures. Il a eu un grand succès dans le temps puisque Jean Mossy, *imprimeur du Roi* et libraire, en a fait trois éditions. La dernière date de 1833. L. C.

était pour tous ses confrères d'un dévouement sans bornes : il avait acquis dans toutes les générations du barreau des amitiés sûres et fidèles ; et pour faire, en deux mots, l'éloge le plus vrai de son cœur, je puis dire qu'il n'avait jamais trouvé à côté de lui un confrère froid ou indifférent.

Il faut enfin lui rendre ce témoignage qu'il exerça toujours sa profession avec honneur et probité, et qu'il en remplit tous les devoirs avec une scrupuleuse exatitude. — Vous vous souvenez, comme moi, Messieurs, de l'avoir vu se faire conduire et presque porter au Palais, pour donner à ses confrères un suffrage qu'on lui eût rendu beaucoup plus souvent à lui-même, si sa modestie et sa retraite absolue de la vie active ne lui avaient fait désirer, depuis longtemps, qu'on lui permit de s'effacer devant tous les autres. — Il fut membre du Conseil de discipline de l'Ordre en 1835 et 1836.

Comme homme, Mᵉ Seytres avait des mœurs simples et modestes ; un carractère égal, aimable et indépendant ; un esprit vif et anecdotique ; en un mot, tout ce qui peut rendre le commerce de la vie sûr, agréable et facile.

Il avait, personne ne l'ignore, le noble sentiment de la charité ; il aimait les pauvres, il leur était accessible, il les secourait généreusement, et la Religion avait toujours eu une haute et large place dans son cœur, dans ses principes et dans les habitudes de sa vie.

C'est vous dire, Messsieurs, qu'il est mort en chrétien ; et quand son intelligence, qui ne l'a jamais abandonné, lui a fait comprendre que la volonté de Dieu le rappelait de ce triste monde, il a pu envisager ce moment suprême avec calme, espérance et sérénité.

Adieu donc pour la dernière fois, honorable et très regreté confrère ! Adieu, au nom de votre Bâtonnier qui fut un de vos amis ! Adieu, au nom de l'Ordre entier qui s'associe, avec émotion, aux sentiments et aux témoignages de justice, que j'ai le douloureux honneur de vous exprimer.

NOTICE BIOGRAPHIQUE

SUR

Me SEYTRES

DOYEN DE L'ORDRE DES AVOCATS DE MARSEILLE

DÈCÉDÉ LE 16 AVRIL 1868

Le bâtonnier de l'ordre des avocats, Me Jules Roux, a fait ressortir, avec une exquise délicatesse, les qualités du vénérable doyen qui vient d'être enlevé, dans une verte vieilesse, au barreau de Marseille. Ces éloges mérités ont eu assurément de l'écho, non-seulément au Palais, mais encore dans notre ville, où Me Seytres était si connu.

Je viens, à mon tour, rendre hommage à la mémoire de cet excellent confrère qui m'avait honoré de sa bienveillante amitié. C'est donc en quelque sorte une dette de reconnaissance que j'ai voulu acquitter publiquement; et, en le faisant, j'aurai la consolation de raconter une vie laborieuse et probe, qui a été entièrement consacrée au devoir et qui mérite par conséquent d'être citée comme un exemple, à une époque où le sentiment du devoir est souvent si oblitéré. Je pourrai aussi pénétrer dans l'intimité de ce cœur ardent et de cet esprit vif, et donner, quelques détails qui n'entraient pas dans le cadre d'un discours officiel.

M⸱ Seytres était né à Marseille le 14 novembre 1785, et avait par conséquent 82 ans révolus depuis cinq mois. Il appartenait à une ancienne famille de robe qui a compté des membres distingués. Son père exerça successivement avec habileté la professsion de notaire et celle d'avocat. Ses deux oncles, Louis et Etienne Seytres ont été au barreau. Le premier avait été procureur, et le second, après une longue postulation en la même qualité, se fit inscrire au tableau des avocats et eut un cabinet très-occupé.

Me Seytres, en sortant du collége de Tournon où il avait été un élève remarquable, fut poussé par une vocation irrésistible vers la profession paternelle. Après quelques études préparatoires, il fut reçu en 1805 avocat de *cent écus*, comme on disait alors, parce que les Facultés de Droit n'étaient pas encore établies. Il fit son stage dans l'étude d'Etienne Seytres, et se trouva pendant plusieurs années en collaboration avec Me Bellissen et Me Romieu qui sont arrivés, l'un et l'autre, à une position très honorable comme avoués, près le Tribunal de Marseille.

Il se fit aussitôt remarquer par l'amour du travail et de l'étude du droit. Ce goût, si prononcé chez lui et qui était la véritable passion de son esprit, pût s'exercer et se développer au moment même où sa carrière commençait.

A cette époque, un changement radical s'opérait dans notre législation. Napoléon 1er, qui avait le sens droit et juste, nonobstant les idées de conquête et d'ambition qui dominaient son esprit, décréta l'unité de nos lois. Cette grande pensée plus glorieuse pour l'Empereur et plus utile pour la France que toutes les victoires de ce temps presque légendaire, venait de recevoir un commencement d'exécution par la promulgation du Code civil. La transition subite de l'ancien Droit au nouveau devait nécessairement exiger de la part des avocats et des jurisconsultes un travail énorme qu'il est facile de comprendre. Le jeune stagiaire piocha avec ardeur dans ce champ immense, si on me pardonne cette expression familière qui reproduit exactement ma pensée. Quelques années après, les codes de procédure et de commerce et les codes criminels furent promulgués. Ce fut une nouvelle occasion pour lui d'étudier et d'acquérir des connaissances variées. Aussi, lorsqu'il se fit inscrire en 1811 sur le premier tableau de l'ordre des avocats de Marseille et prit un cabinet à lui, il eut immédiatement une position qui s'accrut rapidement.

Mᵉ Seytres ne fut pas un avocat exclusif et plaida devant la juridiction civile et devant la juridiction commerciale. Afin de ne rien oublier dans la discussion des affaires, il avait l'habitude d'écrire ses plaidoiries, qui se faisaient remarquer par la clarté et la logique des idées. Il notait avec un soin scrupuleux la doctrine et la jurisprudence qu'il connaissait à fond. A ce sujet, je dois indiquer qu'il possédait une bibliothèque très complète et très riche surtout en vieux ouvrages sur le droit local et sur les matières commerciales et maritimes ; en outre, il recevait les principaux recueils de jurisprudence, pour se tenir au courant des décisions rendues sur toutes les questions. Indépendamment de cette science juridique qu'il avait acquise par l'étude, il avait des ressources infinies dans l'esprit, pour résoudre une difficulté qui se présentait, ou pour prévoir les objections qui lui seraient faites dans la discussion. Il était si complet qu'il répliquait rarement. On peut dire de lui : qu'il éventrait les affaires. Bien qu'il se fût astreint à écrire ses plaidoyers, il y avait cependant des moments où son esprit plein d'*humour* et de vivacité lui inspirait des traits saillants et empreints d'une certaine originalité.

Les deux affaires les plus importantes de sa carrière furent celles des fabricants de soude et des laveurs de laines, qu'il plaida devant le Tribunal civil.

La première avait pour objet une demande en dommages-intérêts, intentée contre des fabricants de soude par des tiers qui se plaignaient du préjudice que leur occasionnait ce voisinage incommode. Ce procès fut important par les incidents de procédure qu'il souleva, le nombre des plaideurs et les allocations obtenues.

La seconde était relative à des droits de douane très-élevés qui étaient réclamés par le gouvernement à des laveurs de laine sur les matières employées dans leur industrie. Ceux-ci soutenaient qu'ils ne devaient rien, en se fondant sur la lo qui n'imposait pas les matières premières ; mais une circulaire de M. De Villèle, alors ministre des finances, interprètait le texte dans un sens fiscal et prétendait que l'assimilation faite par ces négociants n'était pas admissible. Les laveurs de laine se syndiquèrent et confièrent leur défense à Mᵉ Seytres.

La première affaire qui se présenta concernait MM. Piot frères. Elle fut plaidée devant le juge de paix Julien de Madon. La douane gagna son procès. Les défendeurs émirent appel devant le Tribunal civil qui confirma la sentence du premier juge. Les débats de ce procès qui avait eu du retentissement sur la place de Marseille et avait attiré une affluence consirable, furent marqués par un incident. Mᵉ Seytres discuta d'une manière très-remarquable et avec une vigueur que nécessitaient l'importance de l'affaire et la défense énergique de la douane ; et dans la chaleur de la plaidoirie, il plaisanta finement M. De Villèle qui avait, comme on le sait, une taille digracieuse. La pente était glissante et il était facile de se laisser entraîner. Aussi les juges ne s'arrêtèrent pas à cettte saillie spirituelle. Mais, il n'y a que la vérité qui offense ; et M. le ministre qui devait être cependant habitué aux attaques des partisans même de son gouvernement, donna des ordres pour faire poursuivre Mᵉ Seytres contre lequel une peine disciplinaire fut prononcée par le Tribunal. Quant au jugement rendu en faveur de la Douane, il fut maintenu par la Cour de cassation qui rejeta le pourvoi formé par MM. Piot frères. Le barreau apprécia cet incident comme il devait l'être et donna, quelques années après, un témoignage d'estime et de sympathie à M⁰ Seytres, en le nommant membre du Conseil de discipline.

M⁰ Seytres plaida devant le Tribunal de Commerce des procès importants en matière d'assurance et de faillite.

Ses nombreuses occupations et la tournure de son esprit ne lui firent pas rechercher les affaires corectionnelles. Il n'a plaidé, en effet, que trois fois devant cette juridiction pendant sa longue postulation ; aussi disait-il qu'il ne connaissait pas le droit criminel. La dernière fois qu'il parut à la barre correctionnelle, il était venu s'asseoir dans la salle d'audience, en attendant d'être appelé à une Chambre civile. Dans ce moment, le président, M. de Laboulie, le chargea, avec un petit sourire, de présenter la défense de trois femmes prévenues de vol. M⁰ Seytres, tout en déclinant par modestie cette nomination faite à l'improviste, l'accepta cependant, et se fit remettre le dossier. Pendant l'instruction de l'affaire, il remarqua que la citation n'avait pas de date et que ce vice de forme devait avoir pour conséquence l'annulation nonseulement de l'exploit, mais de la poursuite, par le motif que le délai pour la prescription était expiré la veille même de l'audience, Quand la parole lui fut donnée, il opposa l'exception, et le trlbunal fut obligé de déclarer que. l'action était prescrite. Comme on le voit, rien ne pouvait surprendre M⁰ Seytres, qui joignait à une grande présence d'esprit des notions sur toutes les branches du Droit.

Ses connaissances juridiques lui firent une réputation méritée et lui créérent des relations en dehors même du barreau de Marseille. C'est ainsi qu'il fut en rapport avec M. Persil, qui devint ministre de la Justice, sous le gouvernement de Juillet, et avec Curasson, avocat à la Cour de Besançòn et auteur d'un traité très estimé *sur la compétence des juges de paix*. Mais, l'amitié la plus intime qu'il eut dans sa vie fut celle de l'ancien député des Bouches-du-Rhône, Pardessus, qui a été un des magistrats les plus éminents de la Cour de Cassation et un des plus grands jurisconsultes de notre époque. Ce savant illustre était reçu chez M⁰ Seytres comme dans sa maison et entretenait avec lui une correspondance très suivie et d'un grand intérêt.

Son dévouement inaltérable à la branche aînée lui mérita aussi la bienveillante sympathie de Madame la duchesse d'Angoulème qu'il eut l'honneur de voir plusieurs fois à Paris, et de plusieurs personnages tenant à la Cour. De plus, il avait dans le monde des condisciples du collège de Tournon qui étaient parvenus à de hautes positions. Dans ces circonstances, et aussi à cause de sa valeur, il eût été très-facile à M⁰ Seytres d'avoir une place élevée dans la magistrature ou dans l'administration.

Mais, il ne profita jamais de ces puissantes protections parce qu'il était modeste dans toute l'acception du mot ; je me trompe, il avait un orgueil dans lequel il se complaisait : c'était de porter la robe d'avocat et d'exercer sa noble profession. Que de fois, il disait avec satisfaction : « je n'ai rien » voulu être et j'ai préféré garder toujours mon indépendance. » Il poussait si loin le sentiment de la modestie, que même dans le barreau, il n'avait jamais recherché l'honneur du bâtonnat qui lui était dû cependant à tant de titres.

Il était probe et délicat jusqu'au scrupule, et, sur ce point, je connais plusieurs faits qui l'honorent, mais que je ne puis divulguer, parce qu'ils touchent à des détails trop intimes.

Il apportait dans tous ses rapports avec ses confrères une grande bienveillance et une excessive loyauté.

Il était excellent ami et avait surtout pour ses camarades d'enfance une affection délicate qu'il manifestait dans toutes les circonstances de la vie. A l'approche du premier jour de l'an notamment, il préparait sa correspondance à l'avance. Personne n'était oublié parmi ceux qu'il affectionnait, et chacun recevait une lettre où l'amitié la plus sincère s'épanchait dans des pages charmantes.

Mais, puisque je fouille dans les replis de son cœur, je dois parler de la vive affection qu'il avait pour sa sœur, Mlle Seytres ; que dis-je? c'était le culte de toute sa vie. Il était resté célibataire afin de pouvoir habiter avec elle et lui donner tous ses soins. Cette sœur, si dévouée à son tour, était la confidente de ses pensées et de ses actions. Pour la moindre chose, il disait : « Je consulterai ma sœur»; s'il fallait faire un paiement, il répondait en souriant : « Je demanderai l'argent à ma caissière, » parce qu'il avait l'habitude de tout laisser en ses mains. Il y avait dans cet intérieur un je ne sais quoi qui n'est plus de notre époque ; c'était comme un reflet des mœurs de l'ancien temps, et il faut avouer que cette simplicité et ce dévouement charmaient le cœur et l'esprit. Aujourd'hui tout cela est détruit. Mais, M⁰ Seytres vivra toujours par le souvenir, et la sœur affligée trouvera dans cette pensée et dans la prière la force nécessaire pour supporter cette séparation cruelle.

Son genre de vie et ses habitudes étaient en harmonie avec la simplicité de ses goûts et de ses idées. On peut dire que c'était un homme antique. Jamais il n'avait quitté la vieille ville qui lui rappelait les souvenirs de sa famille, et il habitait la même maison depuis quarante-neuf ans. Cette demeure, qui avait un cachet tout particulier, était connue de tous dans les vieux quartiers. C'est là que, pendant près d'un demi-siècle, il avait acquis une grande popularité en donnant des conseils souvent gratuits à tous ceux qui étaient attirés par sa réputation et sa bonté. Il était, pour ainsi dire, l'oracle de ces braves gens qui disaient à tout propos : «*Anan consulta moussu Seytres.*» Je dois ajouter qu'il était sincèrement religieux et que sa charité était inépuisable.

Voilà en résumé quel était l'avocat et quel était l'homme.

Depuis dix ans environ, à la suite d'une chute dans laquelle il s'était cassé les deux rotules, il quitta le barreau militant pour se consacrer aux occupations du cabinet.

C'est ici que commence le second chapitre de sa vie que j'ai pu connaître dans ses moindre détails.

Pendant cette période, il n'a cessé de s'occuper d'affaires jusqu'au dernier moment. Des confrères, qui avaient sa confiance, plaidaient ses procès sur des notes qu'il rédigeait avec son soin habituel. L'âge n'avait ni altéré sa prodigieuse mémoire , ni diminué son ardeur pour le travail. Bien souvent, il passait une partie de la nuit à écrire des instructions ou à faire des recherches ; et il continuait, comme au temps de sa postulation active, à recevoir les principaux recueils de jurisprudence et à acheter tous les nouveaux ouvrages de Droit. Aussi, du fond de sa retraite, il était au courant de tout ce qui se passait dans le monde judiciaire.

Il remplit fidèlement ses devoirs professionnels ; et, chaque année, à l'époque des élections du barreau, il se faisait accompagner au Palais-de-Justice par des amis qui étaient obligés de le soutenir et de le porter en quelque sorte. J'ai rempli plusieurs fois cet office, et je ne pouvais contenir mon émotion en voyant ce vieillard donner à la jeune génération l'exemple du devoir.

Il était heureux de recevoir les visites de ses confrères et de mettre à leur disposition ses livres, son savoir et son expérience. Les consultations qu'il donnait étaient toujours entremêlées de causeries dont l'intérêt était rehaussé encore par l'agrément de son esprit. Il connaissait parfaitement les écrivains du grand siècle de Louis XIV et du siècle des philosophes et des libres penseurs, et ses appréciations à ce sujet étaient pleines de finesse et d'exactitude. Il possédait des notions sur l'agriculture et sur tout ce qui s'y rattachait ; il s'était notamment occupé de la culture de la vigne et des oliviers dans la Provence. Il avait aussi des connaissances relatives à la médecine usuelle et aux besoins du ménage, et s'était procuré une infinité de recettes pharmaceutiques et gastronomiques qui avaient bien leur utilité. Comme on le voit, il y avait beaucoup à apprendre auprès de ce causeur inépuisable.

Sa constitution était aussi forte que son intelligence. Il n'avait, en effet, aucune infirmité, et tout semblait indiquer que cette belle vieillesse se prolongerait encore longtemps. C'était sa conviction, et souvent il disait avec bonheur : « dans ma famille on vit jusqu'à cent ans. » Mais, cette santé robuste a été atteinte tout à coup. Après avoir lutté énergiquement pendant plus de cinq mois, il a été pris d'un sommeil léthargique qui a duré vingt-quatre heures, et il s'est éteint doucement et sans souffrance.

Il est mort comme il a vécu, en honnête homme et en chrétien. Deux semaines auparavant, on lui porta le viatique de très bonne heure, et comme on ne voulait pas qu'il quittât son lit, il répondit : « Je veux recevoir convenablement Celui qui vient me visiter et me consoler : » et il alla s'asseoir dans le fauteuil où s'était écoulée une partie de sa vie.

Cette mort fait disparaître de nos rangs un représentant de l'ancien barreau qui avait vieilli dans l'exercice de sa profession et qui était un guide pour la jeune génération. Mais son souvenir sera fidèlement conservé parmi nous, et les enseignements de sa vie laborieuse et honnête contribueront à maintenir les traditions qui font l'honneur et la force de la profession d'avocat.